智慧做开心玩

开心玩

幼儿园美术材料包

教师用书　中班下

主　　编：孔起英

编　　写：王健红　秦　艳　陈　静

　　　　　阮　珏　王晓军

操作拍摄：於　迪

南京师范大学出版社

NANJING NORMAL UNIVERSITY PRESS

图书在版编目（CIP）数据

智慧做 开心玩:幼儿园美术材料包:教师用书.中班.
下 / 孔起英主编 . -- 南京:南京师范大学出版社,2018.12
　　ISBN 978-7-5651-3886-7

　　Ⅰ.①智… Ⅱ.①孔… Ⅲ.①美术课－学前教育－教
学参考资料 Ⅳ.① G613.7

中国版本图书馆 CIP 数据核字 (2018) 第 245780 号

书　　名　智慧做 开心玩:幼儿园美术材料包・教师用书.中班.下
主　　编　孔起英
责任编辑　彭艳梅
装帧设计　罗　薇　周玉仙
出版发行　南京师范大学出版社
地　　址　江苏省南京市玄武区后宰门西村 9 号（邮编：210016）
电　　话　（025）83598919（总编办）　83598412（营销部）　83598297（邮购部）
网　　址　http：//www.njnup.com
电子信箱　nspzbb@163.com
照　　排　南京凯建图文制作有限公司
印　　刷　兴化印刷有限责任公司
开　　本　787 毫米 ×1092 毫米　1/16
印　　张　3.25
字　　数　69 千
版　　次　2018 年 12 月第 1 版　2018 年 12 月第 1 次印刷
书　　号　ISBN 978-7-5651-3886-7
定　　价　20.00 元（含光盘）

出 版 人　彭志斌

序

　　《3—6 岁儿童学习与发展指南》指出，儿童是用直接感知、实际操作和亲身体验的方式来学习的。儿童的艺术活动是他们内在的生命活动，是一种感性地把握世界的方式。儿童艺术教育既要关注作为手段的"辅德与益智"等价值，更要关注其本体性的审美感受与艺术创造的价值。"智慧做 开心玩——幼儿园美术材料包"丛书就是通过让幼儿在低结构材料的实际操作中，结合幼儿对自然季节变化和节日文化活动等生活经验的亲身体验，通过对材料的自主探究、想象创造进行深度学习，并用有创意的美术作品开展各种游戏活动，装饰生活环境，获得美的体验，真正做到尽心尽兴。

　　参照《3—6 岁儿童学习与发展指南》，我们将这套美术课程的目标制定如下：

小班：

　　（1）愿意参与美术活动，体验美术活动的乐趣。

　　（2）能初步感知与发现自然界、周围事物和美术作品的简单造型与鲜明色彩，愿意向别人介绍自己的发现。

　　（3）尝试、探索油画棒、水粉颜料等简单的绘画工具和材料，学习用简单的线条、形状与色彩进行大胆的涂画，形成良好的绘画习惯。

　　（4）尝试使用印章、纸团等简单的材料与工具来塑造和制作平面的或立体的手工作品，美化周围环境和开展游戏活动，形成良好的手工活动习惯。

中班：

　　（1）积极参与美术活动，体验美术活动的乐趣。

　　（2）能初步感知与发现自然界、周围事物和美术作品的不同造型与色彩变化，并能用自己的方式向别人介绍自己的发现。

　　（3）探索使用多种绘画工具和材料，学习用不同的线条、形状与色彩大胆地表现自己的所想所见，形成良好的绘画习惯。

　　（4）尝试使用不同纸张、纸盒等生活中常见的材料与剪刀、胶水等工具来塑造和制作平面的或立体的手工作品，美化周围环境和开展游戏活动，形成良好的手工活动习惯。

大班：

　　（1）主动参与美术活动，体验美术活动的乐趣。

　　（2）能感知与发现自然界、周围事物和美术作品的不同造型、色彩、构图变化，并能用自己的方式向别人介绍自己的发现。

（3）探索使用多种绘画工具和材料，学习用不同的线条、形状、色彩、构图等艺术语言大胆地表现自己的所想所见，形成良好的绘画习惯。

（4）尝试使用生活中常见的点状、线状、面状、块状材料等与剪刀、胶水等工具来塑造和制作平面的或立体的手工作品，美化周围环境和开展游戏活动，形成良好的手工活动习惯。

依据以上理念和目标而设计的本套课程具有以下特点：

1. 活动过程有趣，结果好玩。

"智慧做，开心玩"是我们设计活动的原则，不仅活动过程要能让孩子因好奇而专注，而且美术作品要能开展游戏或者用来装饰环境。如小班《飞镖》，幼儿不仅通过探索，学习通过撕、夹等方法制作了属于自己的飞镖，而且可以把飞镖带到体育锻炼活动中练习投掷。做一做，玩一玩，作品不仅仅是作品，还成了幼儿的玩具。

2. 活动设计创意新颖、想象空间无限。

低结构化的美术材料能让幼儿在实际操作中自主探究，充分发挥幼儿的想象力、创造力和解决问题的能力，同一个活动能让不同的幼儿创作出不一样的美术作品。如大班的"秋天印象"，材料包中提供了橡皮泥和毛根，让幼儿探索穿、拧、卷、折等美术技能；而幼儿的活动又可以不仅仅限于提供的材料，如秋天的落叶、植物的枝干等都可以用来作为这个活动的材料。幼儿可以根据自己的想象，结合已有生活经验，来丰富、创造自己心目中的"秋天印象"。

3. 活动设计科学、系统。

所有活动根据小、中、大班不同年龄幼儿美术发展水平和学习特点，结合幼儿的生活经验来系统设计，并由经验丰富的一线教师在幼儿园反复实践，确保每一个活动都经过实践验证，证实是适宜性活动。在这个过程中，我们得到了实践园及教师们的大力支持，确保每一个活动的可操作性。

4. 美术材料丰富多样、安全无毒。

材料包中的材料环保安全，点状、线状、面状和块状等不同形态与特质的材料，如海绵印章、毛根、无纺布、木质材料等，丰富多样，可供幼儿自主运用剪贴、折叠、缠绕、连接等各种技法开展绘画、泥塑、立体造型等形式的美术创作活动。

5. 活动内容紧密结合幼儿的生活经验。

活动内容关注了幼儿生活中的季节变化、节庆活动，源于孩子的生活，又服务于孩子的生活，能让每个幼儿都兴趣盎然，全身心投入活动。如结合教师节、国庆节，我们设计了"贺卡""花束"；结合新年，我们设计了"新年舞会面具""灯笼"；结合秋季主题，我们设计了"秋天印象""水果"等活动。这些活动和主题都是幼儿熟悉的，从而能引起幼儿创作的兴趣。

孔起英

2018.5

目录

1 装饰花灯

1. 核心经验

欣赏、回忆、交流有关元宵节的节日习俗，体会团圆、喜庆、热闹的节日气氛；尝试绘画元宵节的情景，并结合剪贴的方式制作花灯。

2. 活动准备

（1）经验准备：初步了解元宵节的来历和习俗。

（2）物质准备：材料包①；自备材料（有关元宵节的视频或图片、音乐、各种不同的花灯图片、装饰好的范样、水彩笔或蜡笔、糨糊、剪刀、打孔机）。

3. 活动过程

（1）播放有关元宵节的视频，共同欣赏或回忆节日的情景。

★ 元宵节到了，人们会做什么呢？你在元宵节的时候做了哪些有趣的事情呢？

（2）出示各种各样的花灯图片，师幼共同欣赏。

★ 元宵节人们喜欢赏花灯，看看这里有些什么样的花灯？像什么？

（3）出示材料包和步骤图，讨论制作花灯的方法。

★ 今天我们也来做一盏花灯，你知道怎么做吗？

看看材料包里有什么？先做什么？怎样装饰花灯？

（4）幼儿制作、装饰花灯。

★ 你想在花灯上画什么样的图案呢？有什么困难吗？

这些制作花灯的材料比较大，怎样摆放才不会影响别人呢？

需要的东西放在哪里？暂时不需要的放在哪里？

（5）悬挂、展示花灯，播放音乐，边欣赏边说一说。

★ 我们也一起来赏花灯吧！

4. 指导要点

（1）制作花灯的步骤比较多，欣赏花灯和后期的制作、装饰花灯可以分为两个课时，也可以在区域中让幼儿自己探索制作花灯的方法。

（2）教学变式：还可以结合猜灯谜的游戏，迁移幼儿生活中猜谜语的经验，在花灯上画上自己熟悉的谜语。对于灯谜的表现不要拘泥于幼儿表现的是灯谜的谜面还是谜底，更多的是要鼓励幼儿用绘画的方式来表现灯谜中朗朗上口、简单押韵的语言，这也是一种前书写能力的培养。

5. 制作步骤

（1）如图所示贴好黄色长纸卡，再将红色纸卡下面剪成流苏状。

（2）在白色打印纸上画画。

（3）将画好的画贴在红色纸卡上，并将红色纸卡卷起来贴好。

（4）在花灯的上端穿上绳子。

6. 玩法

（1）将花灯悬挂在教室外供全园师生、家长欣赏，营造元宵节的节日气氛。

（2）结合元宵节的活动进行"猜"灯谜的游戏，鼓励幼儿结合画面说一说谜面和谜底。

2 装饰风筝

1. 核心经验

在欣赏、交流的基础上，了解风筝是中国特有的民间手工艺品，表达了人们对生活的美好愿望和期待；尝试运用连续的花纹和不同的色彩装饰风筝。

2. 活动准备

（1）经验准备：认识风筝，有和父母一起放风筝的体验。

（2）物质准备：材料包②；自备材料（各种造型的风筝实物、图片、抹布、颜料盘、桌布）。

3. 活动过程

（1）欣赏各种各样的风筝，了解风筝表达了人们对生活的美好愿望和期待，是我们中国特有的民间手工艺品。

★ 你见过风筝吗？你见过的风筝是什么样的？

看看这里还有什么样的风筝？

这么多色彩鲜艳的风筝飞上天，我们看了有什么感受？

★ 你知道是哪个国家发明了风筝吗？

（2）观察材料包里的材料，讨论装饰风筝的方法。

★ 看看材料包，今天我们也来做一个风筝，你能看懂步骤图上的方法吗?

先干什么? 再干什么?

装竹签的时候要注意什么? 怎样装饰风筝?

你想在风筝上装饰什么样的花纹? 用些什么颜色呢?

风筝这么大, 我们怎样做得又快又好呢?

和同伴合作的时候要注意什么?

用过的材料如何收放?

刚涂完颜色的风筝还没有干透怎么办? 放在哪里呢?

(3) 与同伴一起到户外放飞风筝, 体验游戏的快乐。

★ 怎样放飞风筝呢?

放风筝的时候要注意什么呢?

大家都想放飞自己的风筝, 我们的操场就这么大, 怎么办?

(4) 延伸活动: 开展户外亲子活动, 与父母一起体验游戏的快乐。

4. 指导要点

第一环节的欣赏部分内容比较多, 建议和后面的制作部分、游戏部分分成三个课时来进行, 或者以"风筝"为主题深入开展多个活动, 既满足幼儿对中国风筝的求知欲望, 又能激发幼儿对中国传统文化的兴趣, 是弘扬民族文化的一个很好的途径。

教学变式: 由于风筝品种繁多, 在欣赏环节可以多收集一些题材不同的风筝, 如植物花卉、故事人物等风筝来拓展幼儿的兴趣。装饰风筝的活动时, 可以提供多种不同的工具来满足幼儿表现的需要, 如简单的实物印章、水彩笔、水粉颜料(参考制作步骤图)、彩色纸、剪刀等。

5. 制作步骤

（1）按自己的意愿装饰风筝。　　（2）将塑料小棒如图装在风筝背面相应的位置。

（3）系上风筝线。

6. 玩法

（1）和父母一起外出踏春时放飞自己制作的风筝，体验亲子游戏的乐趣。

（2）将制作好的风筝装饰在教室内、外的环境中。

（3）在幼儿园的户外活动中增加放风筝的内容。

（4）进一步欣赏、设计、制作各种各样的风筝，满足幼儿深入学习的需要。

　　风筝最早是我们中国人发明的，据说古时候打仗的时候，我们的祖先用风筝飞上天来传递消息。渐渐地放风筝又成为一种民间游戏和比赛项目，受到越来越多的人喜爱，同时风筝的式样慢慢变得越来越多。中国人喜欢放风筝，表达了我们中国人对生活的美好向往，就像许愿一样，希望自己的生活越来越美好。

3 自然物相框

1. 核心经验

感受自然物丰富的造型美和色彩美；能有意识地选择自己喜欢的自然物，运用简单的规律装饰相框。

2. 活动准备

（1）经验准备：认识、了解生活中常见的自然物。

（2）物质准备：材料包③；自备材料［自然物装饰材料（果壳、树枝、芦苇、八角）、各类用自然物装饰的物品实物或图片、蜡笔、乳胶或双面胶、剪刀、小篓子］。

3. 活动过程

（1）观察、了解各种各样的自然物，引起幼儿的操作兴趣。

★ 这里有什么？什么是自然物？

在大自然中还能找到什么样的自然物呢？它像什么呢？是什么颜色的？

你还在哪里见过这样的自然物？

（2）欣赏生活中用自然物装饰的物品，进一步引发操作兴趣。

★ 看看这些东西上面的自然物是什么样子的？

这些用自然物装饰过的东西看上去怎么样?

这个相框是用了哪些自然物装饰的呢?装饰在相框的什么位置?

(3)出示材料包,交流、讨论制作自然物相框的方法并尝试制作。

★ 我们也来做一个自然物相框吧!看看材料包里有什么?怎么做呢?

怎样用这些自然物装饰相框?装饰在相框的什么位置?

相框里你想放上什么样的照片或图画呢?你想画谁呢?

★ 是先画画还是先装饰相框呢?画好后贴在哪里?

选择自然物装饰相框的时候要注意什么呢?

不同大小、数量、颜色的自然物可以怎样搭配?可以先摆一摆、看一看,然后再粘上去。

用什么粘住这些自然物呢?双面胶上撕下的纸扔在哪里?

(4)展示作品,互相交流和欣赏。

★ 你在制作自然物相框的时候遇到了什么问题?

大自然中还有哪些自然物可以用来装扮我们的生活?

4. 指导要点

(1)欣赏的环节可以放在日常的区域活动中进行,收集一些生活中运用自然物装饰的物品,如自然物装饰的笔筒、拎袋、包装盒等,供幼儿在活动前欣赏和交流。

(2)实际开展活动时,相框上的图画也可以让幼儿提前画好或者带一张现成的照片,这样可以减轻幼儿在一次活动中的操作负担。

(3)用自然物装饰相框时,还可以引导幼儿有规律地粘贴自然物。

5. 制作步骤

（1）幼儿绘画。

（2）将作品贴在色卡纸底板上。

（3）选择自然物粘贴在相框上进行装饰。

6. 玩法

（1）开展照相馆游戏，进行背景布置、装扮、拍照、制作照片、装饰相框等游戏情节。

（2）根据"娃娃家""理发店"等游戏内容，运用制作好的相框布置游戏环境。

创意环保袋

1. 核心经验

感受环保袋上图案的多样性；绘画设计环保袋上的装饰图案；了解环保袋在人们生活中的作用，建立初步的环保意识。

2. 活动准备

（1）经验准备：了解环保袋的用处。

（2）物质准备：材料包④；自备材料（水粉颜料、各种各样的环保袋实物或图片、铅笔、水粉笔、湿抹布、桌布）。

3. 活动过程

（1）欣赏各种环保袋的实物或图片，感受装饰图案的多样性，初步了解环保袋和生活的关系。

★ 这里有这么多的袋子，是什么样的？

袋子上面有什么？你看到了什么有趣的图案？

除了可爱的小动物、好看的植物、有趣的字母、数字和文字，还有哪些图案？

这些不同形状的装饰图案你觉得像什么？

你知道这些环保袋是什么材料做的吗？

这样的布袋或者纸袋为什么叫作环保袋呢？

它和塑料袋有什么不一样？

人们为什么喜欢使用环保袋呢？

环保袋在我们的生活中有什么用处？

（2）用绘画的方式设计自己环保袋上的装饰图案，并涂色。

★ 我们自己也有一个环保袋，你想在上面设计什么样的图案呢？

可以先用铅笔画一画，然后再用水粉笔、水粉颜料涂上好看的颜色。

桌上还有湿抹布可以用来干什么？

换水粉颜色的时候用什么擦笔？

如果小手不小心蘸上颜料怎么办？

（3）展示自己的环保袋，互相欣赏和交流。

★ 你在环保袋上画了什么有趣的图案？

你想用这个环保袋干什么呢？

在生活中，我们还可以做些什么事来保护环境呢？

4. 指导要点

（1）在准备环保袋实物或图片时，注意图案的可借鉴性，不宜太过复杂和精致，以满足中班幼儿模仿和学习的需要。

（2）在幼儿设计装饰图案时，鼓励幼儿以创意为主，不要纠结像与不像、好与不好的问题。

5. 制作步骤

（1）用水粉笔或蜡笔在空白纸袋的正反面绘画图案进行装饰。

（2）粘贴环保袋提手。

6. 玩法

（1）将装饰好的环保袋悬挂在班级的幼儿档案收集处，既可布置环境，又可以收集每位幼儿在园的各种活动资料。

（2）放在班级的"娃娃家""超市""礼品店"等角色游戏中，供幼儿在游戏中进行购物、收纳等。

（3）开展与"环保"有关的主题活动，收集和了解更多生活中可以重复利用的废旧材料，并有创意地利用这些废旧材料来开展游戏和环境布置等活动。

5 七巧板

1. 核心经验

尝试看步骤图制作七巧板玩具；沿着直线剪出相应的图形；有创意地拼摆七巧板。

2. 活动准备

（1）经验准备：有玩七巧板的经验。

（2）物质准备：材料包⑤；自备材料（剪刀、人手一个小筐）。

3. 活动过程

（1）引发幼儿关于玩七巧板的经验。

★ 你们玩过七巧板玩具吗？

七巧板玩具是什么样的？

你们是怎么玩的？

（2）出示材料包，共同讨论、探索制作七巧板玩具。

★ 我们今天也来做七巧板玩具，看一看步骤图，你知道怎么做吗？

先干什么？从哪里剪下这些七巧板？

剪的时候要注意什么？怎样才能剪得比较整齐、平滑？

每个人剪下来的这些图形放在哪里？

剪完之后怎么玩呢？

（3）与同伴一起玩七巧板游戏，体验游戏的快乐。

★ 一个人可以怎么玩？

两个人可以怎么玩？

如果一组小朋友想一起玩，可以怎么玩？

（4）利用拍照、留样等方式展示七巧板作品，互相欣赏交流。

★ 你用七巧板拼了什么？是几个人一起拼的？用到了什么形状的七巧板？

还有什么有创意的作品？

如果大家的七巧板都混在一起了，我们怎样区分呢？

4. 指导要点

（1）七巧板的制作并不难，但在幼儿制作的过程中教师需要提醒幼儿耐心、细致地剪，不要急于求成，培养良好的学习品质。

（2）七巧板的拼玩应该是本次活动最有趣的环节，鼓励幼儿大胆突破一个人玩的经验，通过两两合作或小组合作的方式促进幼儿间的交往和创意的分享。

（3）对于七巧板容易混在一起的问题，可以通过充分的交流、讨论，让幼儿在发现问题、解决问题的过程中找到多种不同的解决方法，促进幼儿创造性能力的发展。

5. 制作步骤

（1）将七巧板沿黑色线条剪开。

（2）用七块图形拼成各种形象。

6. 玩法

（1）根据"动物""交通工具"等主题，与同伴一起用七巧板拼摆不同的造型。

（2）与"数图形""图形变变变"等数学游戏结合，丰富幼儿关于图形的认知经验。

6 爱玩耍的小鸭子

1. 核心经验

熟悉小鸭子的外形特点；继续学习分泥、手捏成型、粘结等方法，尝试与同组伙伴塑造一群爱玩耍的小鸭子。

2. 活动准备

（1）经验准备：认识小鸭子，了解小鸭子的外形特点。

（2）物质准备：材料包⑥；自备材料（牙签若干、小鸭子玩耍的视频或图片、泥工板）。

3. 活动过程

（1）欣赏小鸭子们玩耍的视频或图片，感受小鸭子们在一起玩耍时的不同形态。

★ 你见过小鸭子吗？小鸭子是什么样的？

小鸭子们在干什么呢？它们玩耍的时候是什么样的？

小鸭子在水里玩耍和在草地上玩耍有什么不一样呢？

谁能和好朋友一起用动作学一学？

（2）小组商量合作，尝试用分泥、手捏成型、粘结等方法塑造一群不同形态的小鸭子。

★ 看看材料包里有什么？

我们怎样用纸黏土做一群玩耍的小鸭子呢?

★ 一组有几个小朋友? 大家可以怎样合作? 和同伴商量一下吧! 商量的结果如何?

★ 这些小鸭子在干什么? 有什么不同呢?

身体在水里的小鸭子怎么捏? 伸长脖子的鸭子怎么捏? 大嘴巴嘎嘎叫的呢?

小鸭子的眼睛用什么做?

捏好小鸭子后可以和同伴一起怎么玩?

（3）在展示评价作品的过程中, 发现玩泥塑小鸭子更多的游戏方法。

★请每组小朋友和我们说一说, 你们的小鸭子在玩什么呢?

这么多有趣的游戏能不能变成一个个好玩的故事呢?

4. 指导要点

（1）关注泥塑小鸭子"玩耍"情景, 激发幼儿的想象力和创意, 从而泥塑不同造型的小鸭子。

（2）泥塑小鸭子的方法应以每位幼儿的探索和自主学习为主, 没有固定的步骤和模式, 以下的制作步骤仅供参考。

5. 制作步骤

（1）将一团泥分为头、身体、翅膀、脚等几个部分。

（2）分别用泥塑造圆圆的头、椭圆的身体、扁长的翅膀以及脚等部位。

（3）将塑造好的头、身体、翅膀、脚等部位根据小鸭子动态进行粘结。

（4）再用细小的泥、活动眼睛完成小鸭子的头部细节部分。

6. 玩法

运用废旧材料制作"小池塘""草地"等小鸭子游戏、生活的场景，进行玩偶表演、创编故事等游戏。

7　汽　车

1. 核心经验

感受汽车丰富的造型变化；尝试看步骤图自主折叠小汽车，并运用多种材料进行装饰。

2. 活动准备

（1）经验准备：有看车展的经验；对不同种类的汽车有一定的了解。

（2）物质准备：材料包⑦；自备材料（各种功能和外观不同的汽车图片、双面胶、剪刀、空篓子）。

3. 活动过程

（1）提出举办汽车博览会的话题，欣赏各种各样的汽车，激发幼儿制作汽车的兴趣。

★ 今天我们要举办一个汽车博览会，你觉得什么样的汽车可以来参展呢？

你还见过哪些特别的汽车？

看看这里的汽车是什么样的？

以前的汽车是什么样的？

现代新型汽车是什么样的？

还有一些是未来会发明的汽车，又是什么样的？

这些车的车灯、车轮、车门、车窗、车身有什么不同呢？

（2）观察材料包和步骤图，讨论制作小汽车的方法，并尝试制作、装饰一辆小汽车。

★ 小设计师们，今天我们也来做一辆特别的小汽车去参加汽车博览会吧！

这里有哪些材料可以用来做小汽车呢？

看看步骤图，卡纸用来做什么？怎样折呢？你能看明白吗？

先怎么折？然后怎么折？

折好以后呢？汽车还少了什么？

这些瓶盖、海绵纸、可以用来做什么？

★ 你想做一辆什么样的小汽车？你的汽车有什么特别之处呢？

怎样用这些材料来表现小汽车的特别之处呢？

★ 材料包里的材料和桌上的材料都比较多，我们怎样使用这些材料才不会乱，也不会影响别人呢？

需要先用的材料放哪里？暂时用不到的材料放哪里？

需要扔掉的材料呢？怎样节约材料呢？

（3）举办汽车博览会，展示并介绍自己的小汽车作品。

★ 请小设计师们将自己制作好的小汽车停放在博览会的展台上，你能大声地向我们介绍你设计的这辆小汽车吗？

4. 指导要点

（1）教师应根据班级幼儿的折纸水平选择不同的学习方法，对于有一定折纸经验的幼儿，可以鼓励其看步骤图和范样自主学习；对于经验尚少的幼儿，教师的示范和讲解也是必要的。

（2）对于如何运用其他材料来装饰小汽车，教师可以引导幼儿从汽车的多种功能上进行思考和创意，这样幼儿表现的小汽车会更具创造性。

5. 制作步骤

（1）尝试将卡纸折叠、粘贴成汽车车身。

（2）用瓶盖、泡沫纸等表现汽车的车轮、车窗、车灯等部分。

6. 玩法

进一步拓展"汽车博览会"的主题，结合汽车的销售、停车场、修理厂、装潢店等游戏情节开展相应的活动，促进幼儿在语言、社会、科学等多领域的发展。

8 美丽的腰带

1. 核心经验

了解腰带的造型特点，感受腰带造型和装饰的丰富性；了解多种材料的串接方法，尝试通过串接和适当的装饰制作自己喜欢的腰带。

2. 活动准备

（1）经验准备：会串接手链、项链，知道什么是腰带。

（2）物质准备：材料包⑧；自备材料（各种不同腰带的图片、水彩笔）。

3. 活动过程

（1）教师系着腰带，引起幼儿兴趣，让幼儿感受腰带的造型特点。

★ 看，老师腰上系着什么呀？什么是腰带？腰带是系在哪里的？

老师系的腰带是什么样子的？你还见过什么样子的腰带？

（2）欣赏各种腰带图片，感受腰带造型的丰富和装饰的精美之处。

★ 这里有许多腰带，你喜欢哪一个腰带？它是什么样子的？

上面有什么样的装饰？像什么？你觉得这条腰带哪里最好看？

小结：腰带是装饰在我们腰上的饰品，有的腰带是单层的，还有的是多层的，上面贴了很多好看的装饰，还有悬挂下来的装饰……

（3）观察材料包里的各种材料，讨论制作腰带的方法。

★ 我们今天也来做条腰带，你想做一条什么样的腰带呢？怎样做呢？

看看材料包里有什么？用什么做腰带？

回形针有什么用？怎么连接？

珠子和吸管有什么用？小串怎样挂在腰带上？

水彩笔可以用来干什么？画什么图案？画在哪里？

4. 指导要点

（1）用各种点、线条和图形来装饰腰带，可以在腰带衔接的地方画上喜欢的图案作为腰带头，注意腰带两边图案的对称。

（2）悬挂部分需要将吸管和珠子穿成小串，需要思考怎么穿，悬挂在什么位置。串接时，需要耐心细致，这样才能更好地完成制作任务。

5. 制作步骤

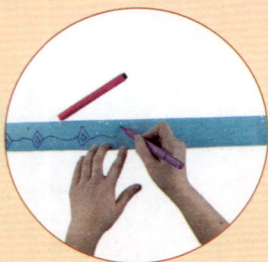

（1）自由装饰腰带，可以画自己喜欢的动物、植物或其他图案。

（2）将魔术扣粘贴到腰带两头。

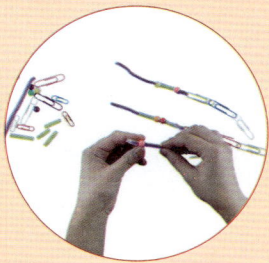

（3）先将吸管剪成若干段，再将吸管、珠子、回形针等用毛根穿成小串。

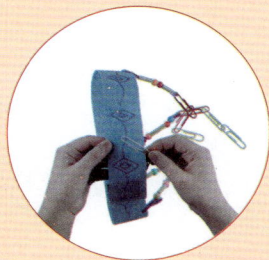

（4）用回形针将小串挂在腰带上。

6.玩法

（1）制作好的腰带悬挂在教室的墙面或版面上作为装饰物。

（2）戴上腰带，在小舞台上进行歌舞表演。

（3）放在"饰品店"出售，也可以在"饰品店"中进行私人订制游戏，幼儿根据顾客的需要设计、制作腰带。

9 钓鱼真有趣

1. 核心经验

感受鱼儿造型的丰富和色彩的艳丽；尝试画 1~2 条造型不同的鱼，并涂上喜欢的色彩。

2. 活动准备

（1）经验准备：看过各种各样的鱼，对鱼的外形有基本了解；能熟练使用剪刀，能沿轮廓线剪出物体的外形。

（2）物质准备：材料包⑨；自备材料（剪刀、彩色蜡笔）。

3. 活动过程

（1）出示钓鱼玩具图片，讨论游戏的玩法。

★ 这是什么？怎么玩？

这里有几条鱼？他们有什么不同？

（2）欣赏各种各样的鱼，进一步了解鱼的外形特点，感受其色彩的艳丽。

★ 你们还见过什么样的鱼？

今天老师也带来一些鱼的图片，看一看，它们是什么样子的呢？

我们从头到尾仔细看一看，它们有什么不同？

鱼头是什么样的？有什么不一样？

鱼头上有什么？它们是一样的吗？

鱼的身体是什么样的？有什么不同？

鱼身体上有什么？鱼鳍是什么样的？有什么用？

（3）观察操作材料，思考制作方法，并进行制作活动。

★ 今天我们也要来制作一个有趣的钓鱼玩具。

看看材料包里有什么？

白色的卡纸有什么用？你想画一条什么样的鱼？怎么画？

画好以后该怎么办？怎么剪？回形针别在哪里？

（4）幼儿操作，制作小鱼。

（5）玩钓鱼游戏。

★ 做好钓鱼玩具的小朋友，带上你们的钓鱼竿，到"池塘"边来钓鱼吧！

4. 指导要点

（1）在卡纸上画鱼时，提醒幼儿尽量画大一些。

（2）沿轮廓线剪时，如果幼儿使用剪刀的能力不是太强，就不要刻意要求他们沿轮廓线剪，只要大概剪出鱼的外形，不破坏整体形象就可以了。

（3）引导幼儿观察回形针别的位置，别回形针时要鼓励幼儿克服困难，耐心、细致地完成任务。

（4）上课前，教师可以带领幼儿用积木或其他材料，在教室合适的位置搭建 1~2 个小池塘，便于幼儿进行游戏活动。

5. 制作步骤

（1）在白色卡纸上画出鱼的外形，并进行装饰。

（2）沿轮廓线剪出鱼的外形。

（3）在鱼头位置别上回形针。

6. 玩法

（1）自己独自进行钓鱼游戏。

（2）和同伴一起玩钓鱼游戏，结束时数一数鱼的数量。

（3）设置娱乐区，将钓鱼游戏放入其中。

10 **端午彩蛋**

1. 核心经验

尝试用线条、色彩、图案装饰一枚彩蛋。

2. 活动准备

（1）经验准备：在端午活动中，了解端午节的由来以及所蕴含的民俗文化。

（2）物质准备：材料包⑩；自备材料（炫彩棒或彩色水笔一盒）。

3. 活动过程

（1）回顾端午活动，进一步了解端午节所蕴含的民俗文化。

★ 你们知道为什么要过端午节吗？

端午节的时候我们要吃什么？喜欢做什么活动？为什么？

（2）讲述端午挂蛋的故事，引发幼儿装饰彩蛋的兴趣。

★ 讲述端午挂彩蛋的故事。

在端午节时，小朋友的胸前为什么要挂一枚蛋？

（3）欣赏各种装饰好的彩蛋，引发幼儿装饰的兴趣。

★ 今天老师带来了一些装饰好的彩蛋，我们一起来看一看。

你喜欢哪一枚彩蛋？上面画了什么？是怎么画的？

（4）用喜欢的线条、色彩、图案装饰彩蛋。

★你想在蛋上画点什么呢？怎么画？

（5）和好朋友互赠彩蛋，并说一句祝福的话。

4.指导要点

（1）装饰蛋时要从上到下有序地画，尽可能不用手摸画好的图案，避免把装饰的纹样弄花了。

（2）鼓励幼儿有创意地装饰蛋。

5.制作步骤

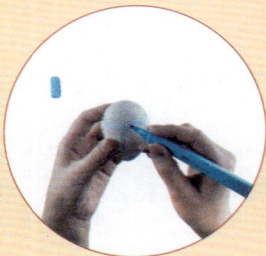

（1）用线条、色彩、图案装饰蛋。

（2）将装饰好的彩蛋装在拎袋里。

（3）用毛根拎起拎袋，轻轻拿着送给自己的好朋友。

6. 玩法

（1）互赠彩蛋，说祝福的话。

（2）将彩蛋放在活动区，装饰教室。

（3）可以开一个端午礼品店、食品店或超市，将彩蛋和其他与端午习俗有关的物品放入其中。

教学补充材料

传说很久以前，天上有个瘟神，每到端午节都要溜到下界害人。受害者多为小孩，小孩轻则发烧厌食，重则卧床不起。母亲们纷纷到女娲庙里烧香磕头，祈求消灾降福。女娲找瘟神理论："今后不准你伤害我的嫡亲孩儿。"瘟神自知不是女娲的对手，便问道："不知娘娘下界有几个嫡亲孩儿?"女娲一笑："每年端午节，我让我的嫡亲孩儿在胸前挂上一只蛋，不许你胡来。"从此，端午节挂蛋的习俗逐渐流传开来。每到这一天，母亲们便将咸蛋煮熟挂在孩子胸前，祈求平安。后来，挂蛋习俗发展为相互送蛋，送蛋为送福气之意。民间还有结婚、生小孩、满月时送"红喜蛋"，上岳母家送皮蛋、咸蛋等习俗，都是图个吉祥圆满的意思。

11 餐 垫

1. 核心经验

探索餐垫的编织方法；看懂步骤图，在步骤图的提示下完成编织任务。

2. 活动准备

（1）经验准备：有毛线、布条或柳枝的编织经验。

（2）物质准备：材料包⑪；自备材料（胶水）。

3. 活动过程

（1）观察材料包中的材料和编织好的餐垫，猜测编织方法。

★ 看看材料包里有什么？

想一想怎么用这些泡沫纸条编出好看的餐垫？

（2）探索餐垫的编织方法。

★ 小朋友有很多想法，现在请你们试一试，看看哪一种编织方法最好。

（3）幼儿探索编织方法。

（4）集体交流探索过程中遇到的问题以及解决问题的方法。

★ 刚才小朋友自己动脑筋进行了编织，你们编成功了吗？

说说你们是怎么编的？遇到了什么问题？怎么解决的？

小结：师幼结合步骤图进行小结。

（4）再次尝试编织，有困难的幼儿可以看步骤图。

★ 请小朋友继续编织没有完成的餐垫，有问题的自己调整，有困难的可以看一看步骤图。

4. 指导要点

（1）幼儿在探索的过程中，教师要细心观察他们是不是专注于探索的过程，是不是善于发现问题，有没有想办法解决问题。当幼儿要放弃时再给予指导。

（2）集体交流时，鼓励幼儿清楚地表达自己的探索过程，探索中遇到的问题以及自己是怎么解决的。

（3）编织到最后，空间比较小，编织有些困难，需要提醒幼儿耐心、细致。

5. 制作步骤

（1）编第一条时，泡沫纸条需要一上一下地编，编完把纸条推到底板最上面。

（2）编第二条时要和第一条相反，比如：第一条先下后上，第二条就必须先上后下。用这个方法一条一条将底板编满。

（3）将两头多余的泡沫纸条剪掉，用胶水将泡沫纸条的两端粘贴固定。

6. 玩法

（1）将编织好的餐垫展示在教室的版面上，装饰教室。

（2）餐垫可放入"娃娃家"中，垫在餐具或茶具下面。

（3）可以结合中国茶文化主题，放入开设的"茶社"中，垫在茶具下面隔热用。

12 动物纸杯造型

1. 核心经验

了解常见小动物的基本造型特点，能用绘画的方式表现它们的主要特征；尝试借助纸杯，用剪贴的方式制作一个小动物。

2. 活动准备

（1）经验准备：了解一些常见小动物的造型特点，能熟练使用剪刀沿轮廓线剪。

（2）物质准备：材料包⑫；自备材料（废纸篓每组一个、铅笔一支、小盘子每人一个、胶棒一支）。

3. 活动过程

（1）回忆经验，激发制作的兴趣。

★ 你见过哪些小动物？它们是什么样子的？

（2）欣赏一些常见小动物的图片，进一步了解小动物的外形特点。

★ 今天老师也带来了一些小动物的图片，看看它们都是谁呀？

是什么样子的？它们长得有什么不一样？

最特别的是什么？

（3）欣赏制作好的动物纸杯造型，观察材料包中的材料，讨论和思考制作方法。

★ 看看材料包里有什么？可以用来做什么？

你想做什么动物？怎么做？

先做什么？再做什么？怎么才能做出两个一样大小的耳朵？

剪下的碎纸放在什么地方？

（4）幼儿制作动物纸杯造型，尝试克服制作过程中遇到的困难。

4. 指导要点

（1）绘画小动物时，可以适当运用夸张的艺术手法来突出动物的主要特点。

（2）中班幼儿使用剪刀的能力不是很强，需要鼓励他们勇于克服困难，耐心、细致地完成任务。

（3）废纸放在纸篓中，收拾桌面、地面。养成良好的操作习惯很重要，教师要重视幼儿学习习惯的养成。

5. 制作步骤

（1）在卡纸上画出小动物的眼睛、耳朵、鼻子等，并进行适当装饰。

（2）沿轮廓线剪下所画的动物。

（3）用胶棒将剪下的东西分别贴在纸杯合适的位置，并进行适当的装饰。

6. 玩法

（1）将制作好的动物纸杯造型展示在墙面、区域或楼道的橱窗内，美化环境。

（2）开设"礼品店"游戏，可以作为礼品在店内出售。

（3）建构区搭建"动物园"，将制作的小动物放在搭建好的"动物园"内，增加游戏的趣味性。

13　帆　船

1. 核心经验

了解帆船的基本结构，感受帆船色彩的美；用水彩笔或用毛笔蘸丙烯颜料给自己的帆船涂上好看的色彩，或画上好看的花纹；理解步骤图，能在步骤图的帮助下自己组装帆船。

2. 活动准备

（1）经验准备：有使用丙烯颜料涂画的经验。

（2）物质准备：材料包⑬；自备材料（帆船图片、丙烯颜料、调色盘、水粉笔）。

3. 活动过程

（1）欣赏帆船图片，了解帆船的基本结构。

★ 看看老师今天带来了什么？

是什么样子的？什么颜色的？

帆有什么用？

（2）观察材料包，尝试用丙烯颜料或水彩笔装饰自己的帆船。

★ 材料包里有什么？

这些材料是什么颜色的？我们怎么才能让帆船更好看一些。

你想给帆船涂上什么样的颜色？画上什么样的花纹？画在哪里？

涂色时要注意什么?

（3）观察步骤图，在充分讨论的基础上，理解步骤图的含义。

★ 怎么把这些木片组装成一个帆船呢?

我们来看看步骤图，你们能看懂吗?

先做什么? 牛皮筋怎么用?

帆插在哪里?

4. 指导要点

（1）装饰帆船时要提供大小不同的笔，笔头有圆、有扁；当幼儿涂抹色彩时用扁头的水粉笔，画花纹时要用圆头笔，用笔尖画精细一点的纹样更容易一些。

（2）组装帆船并不是太难，稍微难一点的是用牛皮筋固定尾部的十字形木板。所以教师尽可能让幼儿自己动手尝试，对有困难的幼儿，要鼓励他们再次看看步骤图，自己反复尝试，并取得成功。

5. 制作步骤

（1）用丙烯颜料或其他材料装饰帆船。

（2）组装帆船，先将两块木板十字拼插在一起。

（3）先把一根牛皮筋固定在帆船的尾部，再将十字交叉的木板如图放上去。

（4）最后将另一根牛皮筋如图卡在十字交叉的木板上。

6. 玩法

（1）把帆船放入有坡度的水中，和同伴比赛，看谁的帆船漂得快。

（2）如果开展和海洋有关的主题，就可以做一个沙滩，将帆船放在沙滩边上作为环境布置物品。

14 狮子面具

1. 核心经验

了解狮子的面部特征，尝试在面具上用夸张的方式画出狮子的脸，并贴上毛根作为胡子；尝试将长条色素纸剪成相等的宽度，并用间隔的方式贴在面具的四周。

2. 活动准备

（1）经验准备：有打结和使用剪刀的经验。

（2）物质准备：材料包⑭；自备材料（蜡笔、黑色水彩笔一支、胶棒、双面胶）。

3. 活动过程

（1）欣赏狮子图片，了解狮子的面部特点。

★ 这是谁？狮子长什么样子？

哪里看上去很凶？什么样的眼睛？什么样的鼻子？什么样的嘴巴？

张开嘴巴还能看到什么？什么样的牙齿？

嘴巴两边还有什么？

（2）观察材料包，思考制作方法。

★ 看看材料包里有什么？面具上可以画什么？画在哪里？

色素纸是用来干什么的？怎么做？怎么才能剪得快？

有几种颜色？怎么才能贴得好看？

毛根可以做什么？怎么卷成好看的胡子？

（3）幼儿制作狮子面具。

★ 你想画一只什么样的狮子？怎么画？狮毛怎么剪？怎么贴？

4. 指导要点

（1）在画大狮子时，提醒幼儿想好画什么样的狮子，是凶猛的大狮子，还是可爱的小狮子？怎么画？

（2）色素纸剪成长条做成狮毛，有多种方法，可以启发幼儿根据需要选用，折叠剪可以加快速度，省时省力。

（3）剪好的色素纸可以自由贴在面具四周，也可以有规律地粘贴。

5. 制作步骤

（1）在面具上画出狮子的脸，并画出脸上的嘴巴、眼睛等器官。

（2）将毛根做成狮子的胡子并贴上去。

（3）将色素纸剪成自己需要的
形状。

（4）将剪好的色素纸贴在面具
的四周作狮毛。

6. 玩法

（1）随音乐模仿大狮子走路、吼叫等动作。

（2）放入表演区，幼儿可以自己随着音乐自由表演。